SYSTÈME D'AMÉLIORATION ÉCONOMIQUE.

PREMIER ÉPISODE.

PRÉAMBULE.

Pour commencer, permettez-moi de vous dire qu'il existe un précepte de réussite et d'amélioration économique. Les gens, s'ils le proposent, peuvent apprendre à connaître et utiliser ce système sans aucun doute. Il est clair qu'il y a beaucoup de gens qui ne connaissent pas ce système, la raison en est que ce système est caché à nos sens, et à notre capacité de perception, avec laquelle, dans un premier temps, cela pourrait sembler sous-réaliste, cependant encore une fois, loin de la réalité.

La raison pour laquelle nous ne l'avons pas assimilé par les personnes qui l'utilisent, c'est parce que ces mêmes personnes qui réussissent ne savent pas qu'elles l'appliquent, en

Un certain temps, ils l'utilisent sans vraiment savoir ce qu'ils font.

Mais il n'y a rien d'extraordinaire à tout cela. J'ai compris ce système dans le plus précieux et le plus spécial de tous les livres qui existent aujourd'hui. Je confirme que ce système d'amélioration économique a une base durable, car le simple fait de le commenter ne suffit pas à l'assimiler. Il faut bien plus que simplement commenter ce système, il est nécessaire de méditer profondément sur le contenu qui est exposé dans ce livre, pour arriver à assimiler ce qui est transmis ici.

Cependant, ce système est une excellente opportunité qui peut vous donner la possibilité de vous améliorer financièrement.

Il y a quelque temps, j'ai rencontré une personne qui a utilisé ce système et qui a réussi à réussir dans la vie à plusieurs reprises. Pour ma part, je vous souhaite de tout mon cœur, que vous atteigniez vos objectifs

Économique. Votre statut social, votre condition, etc., etc., ne sont vraiment pas pertinents. Avec ce système, vous pouvez obtenir des résultats, tant que ce qui est indiqué ici est appliqué correctement.

En d'autres termes, si vous avez un minimum d'économie, vous pourrez faire un échange de ce bien, pour un bénéfice tel que; Celui que votre coiffeur, menuisier, plombier, etc., etc. vous prête, là où je veux aller avec tout cela, c'est que dans la vie civilisée que nous avons vécue, elle est soutenue par les transactions, la fourniture d'assistance en échange pour un avantage.

Il est clair que si vous le souhaitez, vous pouvez offrir une sorte d'avantage à quelqu'un de spécial, et sans rien attendre en retour, aucun avantage, aucune faveur ou profit. Au fil du temps, vous vous rendrez compte qu'il est très peu probable de vivre avec d'autres personnes, sans obtenir un certain type d'avantages. Nous sommes conditionnés

Faire des échanges un avantage contre un avantage.

Je pense que tous ceux qui liront ce livre seront peut-être suffisamment intéressés pour assimiler la première leçon du système d'amélioration économique. Je suis tombé sur ce système à plusieurs reprises, pendant un certain temps, bien avant de pouvoir comprendre ce système. Dans la Bible, ce système le reflète de cette manière:

Celui qui veut devenir grand parmi vous, soyez votre serviteur et celui qui veut être le premier parmi vous, soyez votre serviteur "mat. 19, 26-27 ".

J'en suis venu à comprendre que cela ne voulait pas dire que je devais quitter mon travail, devenir laquais. Très probablement, il aurait été un laquais sans beaucoup de motivation. Il est clair qu'il serait préférable pour moi de réaliser des réalisations positives grâce à ma propre profession. Telle est la vraie signification.

LEÇON UN DU SYSTÈME D'AMÉLIORATION ÉCONOMIQUE.

(QUE CELUI DE VOUS QUI EST GRAND, SOIT PERMIS DE PRENDRE SOIN DES BESOINS DES GENS; QUE CELUI DE VOUS QUI EST UN CHEF PEUT SERVIR, SELON LEURS CAPACITÉS).

Ce système est actuellement incomplet. Ce n'est que la première leçon. De plus, vous n'êtes pas obligé de le prendre tel qu'il vient.

Il est évident que les grands personnages ont triomphé en s'occupant de ce dont les gens ont besoin, tels que: Archimède, Albert Einstein, etc., etc.,

La vérité est que des inventions telles que l'imprimerie, avec sa culture et son information, sont devenues populaires et ont atteint le monde entier. Il a été inventé par Johannes Gutenberg en 1400, et cent ans plus tard, il fonctionnait dans toute l'Europe à grande échelle. Gutenberg deviendrait ainsi l'un des

Les inventeurs les plus célèbres et les plus influents de l'histoire de l'humanité, parce que l'imprimerie a produit un impact incontestable sur la diffusion de l'information et, par conséquent, la démocratisation de l'éducation, de cette manière en se souciant de répondre à un certain besoin du peuple, a réussi à devenir une personne importante. Cette même circonstance s'est répétée tout au long de l'histoire avec d'autres inventeurs, il en est de même pour les hommes d'affaires, les entrepreneurs, les écrivains, etc., etc., leur contribution est l'équivalent de la population dont les besoins sont satisfaits. En 1903, les frères Wright réalisèrent l'un des rêves humains: voler, mais ils répondaient non seulement aux besoins des gens qui les entouraient, mais aussi aux besoins de plus de générations.

Par conséquent, certains d'entre nous qui sont des patrons sans devenir des personnes très importantes, ayant obtenu un certain succès, ont réussi à devenir ce qu'ils sont, en

En fonction de leurs capacités, sans profiter d'une grande masse de population, car ils desservent un nombre limité de personnes, un secteur réduit de personnes, et cela peut s'appliquer aux hommes d'affaires, artistes, entrepreneurs, etc., etc. , ceci est étendu à toutes les personnes qui ont des professions libérales. Son triomphe, aussi modéré soit-il, est dû aux bénéfices dans le contexte de sa capacité ou de sa spécialisation. Plusieurs fois, ils ne deviendront pas célèbres, mais se démarqueront de la grande masse de la population.

Le serviteur ne sert que quelques personnes, mais l'entrepreneur prospère sert une grande masse de personnes. En conséquence, le dernier exemple sert plus de personnes et donne de meilleurs résultats que le premier exemple.

Dans ce cas, faites attention, comment est-il possible qu'il y ait beaucoup de gens qui travaillent dur pour répondre aux besoins de leurs pairs, et

N'ont-ils pas réussi dans leurs projets? Comment est-il possible que d'autres personnes qui obtiennent des emplois d'une certaine responsabilité et se retrouvent à un certain moment dans l'oubli? Cette leçon ne répondra pas à ces questions. Je sais que d'autres leçons sont nécessaires qui seront expliquées au fur et à mesure de la lecture de ce livre. Cependant, vous avez déjà compris ce qui suit:

CETTE PREMIÈRE LEÇON, MÊME NE PAS ÊTRE UNE RÈGLE DE TRIOMPHE BRISÉE, EST UN PRÉCEPT QUI DOIT ÊTRE GARDÉ POUR OBTENIR ET OBTENIR DES PROFITS.

Regardez attentivement le mot (MÉRITER). Y a-t-il un succès non mérité?. Injustement, oui. Ce triomphe n'a pas été le résultat des efforts déployés, mais plutôt des dommages que d'autres personnes ont subis du fait de certains arts promus à ces derniers. Actuellement, l'un des problèmes qui

Malheureusement, les nations l'ont, elle est causée par certains hommes qui font de grandes fortunes, donc «le succès n'est plus un terme correct» suivant cette ligne. Un exemple, le résultat obtenu à partir d'un pari effectué par un joueur, provient des pertes d'un autre joueur. Il ne s'agit plus désormais d'un échange d'une prestation de service contre un bien économique.

Les grandes masses d'argent qui, par exemple, sont obtenues dans la ville des gratte-ciel de New York, obtenues par des opérations d'investissement en peu de temps, sont généralement le résultat de l'accumulation de pertes que des milliers et des milliers de petits investisseurs ont subies. Les gros sacs d'argent ainsi obtenus ne seraient pas admissibles. Bien sûr, si ces petits investisseurs ne se sont pas donné la peine d'agir de la même manière, je veux dire, obtenir beaucoup d'argent en causant des pertes à leurs camarades, plutôt que de leur offrir un bon service comme un échange équitable. Quoi qu'il en soit, il y a

Il faut souligner que les investissements à long terme sont un service offert à une communauté, car ils offrent des moyens utiles de développement.

Il existe d'autres moyens d'échanger en peu de temps, sur des plateformes d'investissement, ou dans la vie de tous les jours, qui ne produisent des bénéfices que pour les pertes subies par d'autres personnes. Si l'occasion se présentait à moi, je n'aiderais pas quelqu'un à enfreindre cette loi de la vie.

A ce moment, nous pouvons analyser le deuxième précepte de la loi mystique concernant la richesse et le succès. J'ai trouvé dans la Bible quelques commandements qui sont considérés comme la compilation de toutes les lois et prophéties. Le premier n'est pas dans le contexte de ce livre, le second nous informe: (Aime ton prochain comme toi-même). Beaucoup de gens comprennent avec cela que nous devons approuver des sentiments formels avec nos pairs, un sentiment positif dans le forum interne

De nous-mêmes, une incitation à améliorer nos émotions, de manière similaire à celle vécue lors de la contemplation d'un nouveau-né. A posteriori j'ai compris que j'avais tort.

Est-il possible de comparer ce qu'une mère ressent pour son enfant avec un autre sentiment d'affection? Non, puisque ce serait comme comparer un sentiment vraiment profond avec un autre sentiment plus superficiel, un sentiment est plus cordial pour les situations temporaires, et l'autre est plus profond, où il n'y a pas d'objection à tout donner pour sa progéniture, même si cela vous a coûté. santé ou bien-être. L'un est plutôt un bénéfice que nous nous accordons, l'autre est valable pour accomplir une fin qui est de tout donner inconditionnellement, à partir d'un sentiment vraiment profond et pur. Ce sentiment positif dans plutôt une imagination, seulement quand il vient d'un service, et seulement de cette manière, est-il en rapport avec l'amour. Est-ce que l'être humain est bon

Corazon se contente de mettre un bon visage sur une autre personne ayant de graves problèmes, puis continue son chemin comme si de rien n'était. Non, il s'arrête pour offrir une sorte d'aide, ou de service, l'amour sans avantage n'est pas l'amour, un avantage est sa mesure. Des manières de penser comme celle-ci m'ont amené à comprendre le sentiment réel de ce commandement.

DEUXIÈME LEÇON DU SYSTÈME D'AMÉLIORATION ÉCONOMIQUE.

(SERVEZ VOTRE VOISIN COMME VOUS-MÊME)

Certains lecteurs de ce livre penseront: "diable c'est juste de la philanthropie, de cette façon personne ne peut devenir millionnaire." Au contraire, le pouvoir peut et a été atteint. Je veux que Gutemberg me pardonne, puisque je vais le mentionner à nouveau, car je préfère commenter des exemples que nous connaissons déjà, et cela peut nous aider à comprendre les choses. A-t-il servi ses semblables comme il se serait servi lui-même? Je crois qu'à ce moment-là, ce Seigneur penserait, si j'étais un homme économiquement moyen, quel genre d'informations j'aimerais avoir, comment pourrais-je l'obtenir, comment cela pourrait-il m'aider? Avec quelle régularité pourrait-elle être mise en vente? Et puis je construis la première presse à imprimer, en fournissant un service, comme il l'aurait souhaité.

Seule une personne passionnée par la fourniture d'un service aurait à l'esprit que l'un de ses lecteurs, après avoir fini de lire un exemplaire de l'un de ses journaux, aurait le sentiment d'attendre avec impatience la prochaine publication, d'aller acheter un autre exemplaire, puisque le journal que vous venez de lire a répondu à toutes vos attentes, et vous avez le sentiment d'en vouloir plus.

Le fait que Gutemberg ait voulu rendre service à sa communauté, en offrant le type d'informations qu'il aurait aimé se voir offrir, de manière constante et régulière, avec une méthodologie d'avant-garde, pour cette époque, laissant les informations imprimées , évitant ainsi d'oublier dans le temps, qu'il a eu une grande surprise dans la collecte des services qu'il avait offerts à sa communauté, une surprise qui au fil du temps a conduit à une demande de plus d'utilisateurs de ce type de

Un service. Ce type de résultats est la récompense pour avoir rendu un service à autrui, comme si vous auriez aimé qu'il vous soit fait.

Dans n'importe quelle ville, faites une comparaison avec les entrepreneurs les plus prospères, avec leurs adversaires qui ont fait faillite dans leur entreprise ou qui restent en affaires avec beaucoup de difficultés. Le triomphe implique une perception élevée de la prestation de services, un sexe varié soigneusement encadré, des employés hautement qualifiés, dans un environnement exquis, et soigné avec soin, où le client se sent comme quelqu'un de spécial et apprécié, des produits de la meilleure qualité possible. C'est le type de traitement que tout entrepreneur aimerait se voir offrir, si au lieu d'être un entrepreneur, il était un client, et pourtant il le fournit à ses utilisateurs. Ce commerçant se soucie plus de la qualité et de la fonctionnalité que du prix, il choisit un prix honnête, au lieu de prendre le risque de

Perdre des résultats, c'est ainsi que vous servez et traitez vos clients.

Cependant, de l'autre côté de la médaille, nous avons celui qui est au bord de la faillite, qui se comporte contrairement à l'exemple précédent. Il est en possession d'un entrepôt moins diversifié, composé d'articles de mauvaise qualité, avec lesquels il taquine ses clients, endoctrine ses clients avec de mauvais arts, donnant naissance au picaresque, sa philosophie pour ses utilisateurs mécontents, il est plein d'usure, et peu d'empathie. Il est possible que le montant de certains de ses articles, ou services soit bon marché, ou raisonnable, mais il abuse avec le prix exagéré d'autres articles dont la qualité est peut-être quelque peu discutable.

Puisque ce commerçant ne fournit pas ses services à ses clients, comme il aimerait se voir offrir, son entreprise se poursuit au bord de la faillite mois après mois, ou le jour de la faillite totale arrive. Il est clair que ce commerçant ne

Il a eu du prestige. Bien sûr, vous pouvez faire un profit de ce commerce, causant des pertes économiques à vos clients, avec le petit système recommandé qui vient d'être mentionné ci-dessus, vous pouvez également causer des pertes à vos fournisseurs, toujours dans votre propre intérêt. Quiconque réussit en causant des dommages aux autres ne peut espérer remporter une véritable victoire, quel que soit le capital disponible dans la banque.

Il ne faut pas dire que le succès d'un magasin haut de gamme, comme je l'ai déjà signalé, doit être le seul moyen de suivre cette voie. Il est possible qu'un autre entrepreneur ait le même triomphe, ou peut-être plus, en contournant tous les conseils que j'ai cités ci-dessus. Il se pourrait qu'il se consacre à la fourniture de ses clients les plus simples, réduisant les dépenses globales au maximum, ne vendant que des articles très bon marché, obtenant un surplus

Assez diminué. Ce type de prestation de services peut également être qualifié d'honnête, ce que vous souhaiteriez recevoir si vous étiez à la place de ses Utilisateurs. Ce commerçant applique également cette seconde leçon, et réussit à le faire, malgré le fait que son magasin a une image très différente de l'autre magasin, où chaque détail avait été soigné avec soin, voyant ces deux types de magasins en perspective. Ils appliquent tous les deux cette même leçon, que je citerai pour une meilleure compréhension:

(CHOISISSEZ LE CLIENT QUE VOUS VOULEZ SERVIR, ET SERVEZ-LE COMME VOUS SOUHAITEZ ÊTRE SERVI POUR VOUS, S'IL SE TROUVE DANS CETTE SITUATION).

Maintenant, vous pouvez me dire que la grande majorité des gens aimeraient se voir offrir différents services pour rien, sans aucun échange économique en guise de paiement pour le commerçant. Tout entrepreneur qui est entré

Dans cette situation, vous auriez à fermer votre entreprise quelques mois après avoir été dans cette situation, vous privant ainsi de la probabilité d'offrir plus de services. Aucun de nous ne serait dans une situation privilégiée si nous devions être servis par des marchands qui n'existent pas. Les échanges sont d'une importance vitale pour la vie d'aujourd'hui. Fourniture d'un service en échange d'une compensation financière, dans tous les cas, l'argent est un service de débit ou de crédit. Il n'y a aucun être humain de n'importe quel sexe avec une tête suffisamment bien fournie, qui s'attend à recevoir quelque avantage pour rien, à moins que ce ne soit par compassion, gratitude, simple altruisme, etc., qui est compensé par le bénéfice d'un autre. S'il n'y avait pas de compensation, il n'y aurait pas non plus de philanthropie. Il ne faut pas que vous soyez un entrepreneur, ou un commerçant, pour réaliser les leçons décrites ci-dessus. Puisque ceux-ci peuvent être appliqués à tout type d'activité. La publicité d'une usine sert ses utilisateurs de la même manière

Ce qu'il fait à ses supérieurs. Il se prête également à répondre aux besoins de toute votre famille. Lorsqu'il utilise son propre capital économique, il aide toutes les personnes qui dépendent des dépenses qu'il fait, telles que: vendeur de pharmacie, buraliste, vendeur de coupons, mécanicien, butanero, horloger, cordonnier, etc., etc., en les motivant. façon de travailler, de contribuer à un bon environnement dans leur maison, d'enseigner à leur progéniture.

Si la fourniture d'un service n'attire pas le succès, que faut-il alors? Dans un premier temps, l'efficacité est nécessaire, l'efficacité dans la fourniture de tout service. Cette confirmation peut paraître superficielle. La vérité est que la plupart des mots qui se réfèrent aux textes sacrés et aux préceptes mystiques de l'existence sont des stéréotypes, car ils ne peuvent être évités. Tôt ou tard, vous devrez faire face à ces préceptes à un moment de votre existence.

LEÇON TROIS DU SYSTÈME D'AMÉLIORATION ÉCONOMIQUE.

(IL SERA DONNÉ À CEUX QUI SONT COMPÉTENTS. ILS AURONT DE LA RICHESSE. CEPENDANT, CEUX QUI NE SONT PAS COMPÉTENTS PERDRE LEURS COMPÉTENCES ET L'ARGENT).

Cette leçon a provoqué quelques revers. La plupart des personnes qui liront ce livre comprendront sûrement de quoi il s'agit. L'absence de rivalité conduit à la rareté, du moins à long terme.

Avez-vous trouvé quelqu'un qui a réussi à un moment de sa vie, sans être efficace dans sa profession ou son entreprise? (Je fais une victoire authentique ici, pas ceux qui gagnent beaucoup d'argent en se consacrant au trafic de drogue, au prix de nuire gravement à la santé de leurs semblables).

Beaucoup de gens penseront à tort que l'efficacité n'est qu'une question de sagesse ou d'ancienneté.

Pendant un certain temps également, la sagesse était considérée comme le pouvoir. Les gens qui n'ont reçu aucune formation, aucune instruction, pensent que l'efficacité est hors de contrôle. Cependant, il y a beaucoup de gens qui, malgré avoir obtenu une formation ou un tutoriel au-dessus de la moyenne, ne montrent pas qu'ils sont des gens très efficaces. En d'autres termes, la vie est inondée de diplômés médiocres bien formés. Avec quoi, l'efficacité n'est pas seulement une question d'étude, mais plutôt de s'engager à faire ce à quoi on s'engage, en pleine CONVICTION, en mettant votre ÂME, ESPRIT, en donnant le meilleur de votre être.

Je vous invite à réfléchir aux citations suivantes que j'ai trouvées dans la Bible:

(SOIF, DILIGENT SANS LIBRE, FERVEUR D'ESPRIT) «Rom. 12, 11 ".

(REGARDEZ ET SOYEZ FERME DANS LA FOI, TRAVAILLEZ HOMME ET ÊTRE FORT)

"I Cor. 16, 13 "

(TOUT CE QUE VOUS FAITES, FAITES-LE AVEC LE CŒUR, COMME OBÉISSANT AU SEIGNEUR ET NON AUX HOMMES) «Col. 3, 23 ".

De telles citations cachent un message profond sur l'efficacité. Non seulement devons-nous servir les autres, sinon tout ce dans quoi nous nous consacrons, nous devons le faire avec une vraie passion et conviction, pour que notre performance soit supérieure. Tout ce que nous faisons, nous devons le faire en donnant le meilleur de nous-mêmes. Comme si celui que nous servions était Dieu notre Seigneur, et non nos semblables. Nous devons nous plonger dans un état d'enthousiasme et de motivation constante. Nous devons rester avec les 5 sens pleinement éveillés, pour nous améliorer, en même temps que nous perfectionnons les bénéfices de nos services. De cette façon, nous devons nous comporter, pas seulement pendant une période

De temps en temps, ou provisoirement, nous devons nous engager à intérioriser cette attitude de toujours l'appliquer tout au long de notre existence.

J'imagine déjà quelqu'un qui lit ce livre, le visage qui lui aura été posé en pensant: «Je ne rentre pas dans le message qui se répand ici. Je ne pourrai pas maintenir la constance nécessaire jour après jour, mois après mois, année après année ». Et pour être honnête, personne ne peut y parvenir SI LE NIVEAU DE MOTIVATION N'EST PAS CONSTAMMENT ALIMENTÉ PAR UN DÉSIR D'ATTEINDRE DES BUTS ET DES OBJECTIFS À UN NIVEAU COMPLÈTEMENT PLUS ÉLEVÉ.

Bien que vous soyez sûr que le succès ne peut être atteint par aucune autre voie, vous ne vous engagerez pas en appliquant ce qui est divulgué ici, personne ne le fera, «à moins d'être motivé par un désir plein de ferveur intense et constante» , Avec lequel je ne peux pas arrêter de penser à lui, jour et nuit, et quand il n'est pas

En pensant à vos buts et objectifs, vous êtes au travail, pour réaliser votre rêve et le réaliser. Si votre motivation est à un niveau supérieur, vous serez sur la bonne voie pour atteindre vos objectifs.

Mettez-vous sur les traces du passé de toute entreprise qui a obtenu un franc succès, vous constaterez que, dans un premier temps, les personnes qui l'ont élevée, se sont engagées corps et âme, jour après jour, du lever au coucher du soleil. Son triomphe n'était pas seulement le résultat d'une intelligence, la ferveur d'un désir plein de passion, la motivation excessive à donner le meilleur que l'on porte en soi, l'amour inconditionnel pour ce que l'on fait fait également partie de l'équation, vous promouvoir de vous donner cent pour cent de vous-même, avec lequel, une part positive de vous-même fera partie de tout ce que vous créez, et cela sera perçu par toutes les personnes qui effectuent tout échange ou transaction avec vous. Ces émotions ont permis de

Travail titanique. Il n'est pas possible de réussir dans la vie sans une motivation appropriée. Au contraire, même si nous savons ce qui doit être fait, sans l'aptitude mentale appropriée, nous n'y parviendrons jamais. Au moment où notre motivation est suffisamment élevée (non seulement de manière banale, mais de manière complètement intense, cela nous motive de manière complète, jour après jour), nous serons en possession de l'ESPRIT D'ENTREPRISE.

Nous apprécions sans être conscients, des personnes qui ont cette aptitude, nous croyons en notre forum interne, que nous aimerions leur ressembler, ou du moins, dans certains détails que nous admirons. Nous reconnaissons sans problème majeur qu'ils réussissent la plupart du temps. Quoi qu'il en soit, il faut ajouter que ces pensées quotidiennes ne sont pas entièrement correctes. Ces sujets n'ont pas d'ESPRIT D'ENTREPRISE. Son dévouement constant et son image

L'esprit n'est pas une question d'empressement. Ils sont entraînés, parfois contre leur volonté, par des pensées qui les maintiennent dans un comportement incessant. Cette situation nous amène au niveau suivant:

LEÇON QUATRE SUR LE SYSTÈME D'AMÉLIORATION ÉCONOMIQUE.

(PERSONNE NE PEUT SE FORCER À LA RÉUSSITE. VOUS DEVEZ VOUS FORMER AVEC UNE SENSATION OU UNE ÉMOTION DOMINANTE, CONSTANTE ET SOLIDE).

Si cette capacité primordiale fait défaut, les meilleures intentions ou les plans les plus brillants, les souhaits les plus sincères, ne peuvent pas être réalisés. Le succès a un prix généralement très élevé si les choses ne se déroulent pas dans un environnement motivé par un désir de motivation prédominant.

Cela demande de nombreux sacrifices, sur une longue période. Nous ne les respecterons pas facilement, à moins d'être motivés par une force interne suffisamment puissante et capable de durer dans le temps.

Certaines pensées sont la conséquence du produit de nos instincts. C'est la raison

Qu'ils sont si puissants. L'instinct derrière ces pensées fait partie de notre biologie humaine: L'ÉNERGIE DE L'UNIVERS.

Notre forum émotionnel interne est assez complexe, en plus d'avoir de nombreuses incongruités. Diverses émotions nous mènent dans de nombreuses directions différentes. Je fais référence à la haine et à l'amour, au courage et à la peur, à l'honnêteté et à la corruption, à la constance et à la paresse, à la droiture et au pasotisme, à la bienveillance et à la méchanceté, etc., aux sentiments de différents personnages motivés par différentes situations, et bien d'autres le sentiment qu'il serait difficile de tous les citer. Il existe différents types d'émotions, qui sous-tendent différents niveaux de sentiments.

Nous ne devrions pas être impressionnés s'il y a des gens qui ont l'esprit d'entreprise. Ou qu'ils ont la possibilité de changer

Comportementale, imprécise et manquant d'aptitude. Avec lesquelles ces différentes compétences peuvent nous entraîner vers des voies différentes, l'efficacité sera très difficile à atteindre. Consultez un psychiatre et il vous informera que la plupart des déceptions qui existent dans la société sont le résultat de «conflits émotionnels». Les conflits sont généralement la conséquence de l'inefficacité: lorsque nous nous trouvons inquiets et que le mal inonde notre être et la paix intérieure, nos capacités diminuent automatiquement.

Par conséquent, nous prêterons attention à la manière dont ces conflits participent à nos capacités d'efficacité. Nous terminons cet épisode comme suit:

1º Une personne sans efficacité est un sujet qui n'a aucun sentiment prédominant, et que plusieurs sentiments sont en désaccord constant, avec lequel, un sujet aux aspirations sujettes à des hauts et des bas

Permanent

2º Une personne efficace est sous l'influence d'une seule émotion, qui est si forte qu'elle rend les autres émotions insignifiantes, ou elles deviennent complémentaires de l'émotion prédominante, avec laquelle, en d'autres termes, plusieurs sentiments soutiennent une émotion, pour diriger dans le même but.

DEUXIÈME ÉPISODE.

TROIS PRÉCEPTS DU SYSTÈME D'AMÉLIORATION ÉCONOMIQUE.

Dans l'épisode précédent, nous avons analysé plusieurs préceptes importants qui sont généralement le début du triomphe. Les comprendre ne suffit pas pour pouvoir les adapter. La simple notion d'un sentiment prédominant ne mène pas toujours au succès. Comment et quand peuvent-ils être atteints? Voici une brève orientation:

1. Choisissez l'émotion prédominante qui est susceptible de nous conduire à la victoire.

2e Nourrissez cette émotion constamment.

Je pense qu'il n'y a qu'une seule émotion plausible. Si je vous dis à ce moment précis de quoi il s'agit, vous vous trouvez sûrement en désaccord. Si je classe les autres émotions en premier lieu, en plaçant sur la table le

Complications, et problèmes qu'elles entraînent, vous comprendrez immédiatement que l'émotion que vous avez choisie est la seule raisonnable. Commençons par souligner les émotions qui mènent souvent au succès, ce que je déconseille. C'est le premier:

1er désir ou avidité pour le pouvoir.

Sans aucun doute, c'est l'un des sentiments où réside le pouvoir de certaines personnes qui ont réussi à réussir. Normalement, comme cela s'est produit avec des personnages comme Hitler ou Napoléon, ils sont affectés par leurs triomphes et sombrent dans leurs défaites. Quoi qu'il en soit, tout au long de l'histoire de ces personnages, cela montre clairement un sentiment de puissance. En dépit d'être critiquable, il offre à de nombreuses reprises des situations de triomphe provisoire.

À l'intérieur de la plupart d'entre nous, nous possédons ce que certains hypocrites appellent l'instinct

Grégaire, ce que les psychiatres appellent l'instinct social, et les prêtres appellent la conscience.

C'est l'accumulation de sentiments tels que la compassion, la gratitude, la bienveillance, la gentillesse, l'honneur.

Il est entendu des sentiments enracinés en nous-mêmes, parce que la loi de la vie est consciente que la race humaine ne peut pas dépasser pour vivre en union, ou pour lutter pour la survie. Ces sentiments d'empressement, ou de soif de pouvoir, sont combattus dans une lutte qui donne lieu à l'incertitude, à l'agitation, à l'agitation, à l'inconfort, à l'angoisse, à l'agitation, à la douleur, à l'anxiété, dans une action stérile.

Certains êtres humains ont un instinct social suffisamment faible pour que la cupidité ou l'avidité soit la voie principale, avec des chances de succès. Caligula et Hitler sont devenus fous.

Pensez-vous qu'il est possible d'atteindre l'harmonie si vous développez votre désir ou votre cupidité? Le rejet même que cette idée donne, indique qu'elle vous causera des problèmes mentaux et de l'incompétence. Seuls ceux qui sont bouleversés peuvent profiter de cette forme de triomphe.

2º PEUR DE LA DÉFAITE.

C'est la deuxième émotion que je ne recommande pas, bien qu'ayant été la raison, pour certains d'avoir réalisé le triomphe discret. Cela a conduit de nombreuses personnes à créer une entreprise ou à apprendre un emploi pour développer des emplois légitimes.

Cependant, une peur à un niveau élevé ne peut pas rester longtemps dans une tête bien fournie. Cela peut motiver un travail éphémère, et temporaire, rien que cela.

Des têtes constamment perturbées par la peur, créent ainsi l'émotion prédominante, les conduisant à

Un effet paralysant.

De plus, une peur modérée provoquera également un inconfort, une léthargie dans la prise de décision, un déni des événements, la peur des altérations, la désapprobation de la monotonie. Les erreurs commises dans le passé, les probabilités de suppressions et les erreurs commises aujourd'hui et à l'avenir utiliseront vos pensées jusqu'à ce que vous puissiez à peine agir avec suffisamment de courage et de bravoure et vous immerger dans une situation constante.

La vie nous a fait peur, comme une émotion qui, bien gérée, ne peut être utile que pour des situations d'urgence, lorsqu'une urgence est imminente, face à une évasion inattendue ou à un événement dangereux. C'est une émotion nécessaire lorsqu'un couguar vous poursuit ou lorsque vous devez éviter une situation dangereuse. Personne n'a réussi par peur de la nécessité.

Une autre façon d'évaluer la peur est:

Volonté de stabilité

Ce type de peur est la peur elle-même, mais à un niveau inférieur, aucune émotion qui a peu de force ne peut fournir de l'énergie. Seule une émotion de haute intensité peut le fournir. Seule une émotion de haute intensité vous apportera le succès. La paresse de nombreux êtres humains est la conséquence de ce type d'émotion appelée désir de stabilité, occupant une place importante dans leur travail. On comprend que les émotions antagonistes sont normalement opposées en évitant que ce sentiment soit prédominant, et en le transformant en une peur réitérative des problèmes.

Certaines personnes estiment qu'elles sont méritées, car leurs désirs sont modestes, car leur aspiration principale n'est pas de dépasser certains besoins et d'obtenir la stabilité. Le peu de désir de réaliser quelque chose de ces gens, provoque un

Fierté compatissante, ils adoptent un comportement éthique supérieur. C'est une déception car ces personnes sans être conscientes se sacrifient. Votre sécurité est-elle le seul souhait que vous ayez dans cette vie? Que diriez-vous de rendre nos services à nos concitoyens, non pas avec parcimonie et sans ferveur, mais plutôt comme si nous rendions nos services à Dieu. Et si nous donnions le meilleur de nous-mêmes, sans aucune restriction, en d'autres termes, notre engagement envers nous-mêmes à servir Dieu et nos semblables.

Le désir de sécurité est semblable à la peur, à la défaite. Cela n'est plausible que dans une situation d'urgence. Presque toutes les personnes engagées dans le commerce de bas niveau suivent à peine cette aptitude. S'ils doivent faire face à une urgence, la peur survient, ils travaillent dur pendant une courte période, mettent le feu à leurs pensées, jusqu'à ce que la situation pénible soit terminée.

Plus tard, ils répètent le même schéma de comportement, se souciant des aspects banals, des détails peu pertinents au lieu d'acquérir un triomphe retentissant. Heureusement pour ces personnes, la peur n'est pas éternelle, elles n'ont pas de schéma de niveau supérieur qui motive leur travail. La peur, d'où qu'elle vienne, n'a pas d'effet dans de petites proportions, même si elle comporte un risque pour la logique lorsqu'elle est intense.

3º LA FIERTÉ.

La troisième place est la fierté, c'est une autre des émotions non recommandées comme modèle à suivre pour réussir. Une telle émotion est souvent le schéma prédominant des personnes qui ont réalisé un triomphe modeste et bref. La colère, la concurrence, «le désir que les Martinez ne me dépassent pas» motive un travail important dans un secteur des êtres humains, et cela les conduit vers un triomphe, ce qui dans d'autres circonstances n'aurait pas été le cas.

L'orgueil ne doit pas non plus être complètement éliminé. Parce qu'il a un avantage supplémentaire pour les clients. A de nombreuses reprises, cela motive l'athlète dans ses exercices, le manager d'une entreprise qui veut améliorer les résultats de son entreprise, par rapport à l'entreprise rivale, l'adversaire d'une opposition qui veut obtenir de meilleures notes à l'examen par rapport à la reste de vos rivaux. Sous l'arrogance, il y a la motivation dont l'infatigable scientifique a besoin de faire des tests sur son banc d'essai, l'avocat qui veut gagner un procès, même si son usager n'a pas beaucoup d'argent, le médecin qui fournit ses services dans une clinique du la sécurité sociale, là où les soins médicaux sont gratuits, le travailleur qui exécute au mieux sa prestation lui permet, même si son salaire est bas, et dans des conditions assez dures, de le faire.

La fierté utilisée comme modèle de priorité est préjudiciable. Si l'emploi est provisoire, comme une compétition sportive, un

La compétition, la compétition, etc. peuvent être motivantes.

Cependant, dans le travail quotidien, l'orgueil, tout comme le désir de stabilité, peut revenir contre vous, et le revers de la médaille est la peur de l'offense et du mépris. La fierté, motivée par un défi, peut se transformer en cette même peur, avec ses maux de tête et autres problèmes mentaux. Ils deviennent arrogance et, dans cette situation, les vexations dans l'esprit sont continuellement entretenues. Cette disparité et cette exaltation produisent un caractère de change et une carence. Bien sûr, l'orgueil n'est pas une émotion que nous devons développer comme un sentiment prédominant, pour inculquer notre progression progressive vers le triomphe.

TROISIÈME ÉPISODE.

QUATRIÈME PRÉCEPT POUR LE TRIUMPH.

Pour l'instant, mettons de côté les sentiments prédominants, que je ne conseille pas, pour nous concentrer sur un sentiment que je conseille. Dans tous les cas, il se pourrait que les lecteurs de ce livre puissent se servir de ce précepte comme moteur de succès, ignorant le reste des préceptes qui sont détaillés dans ce livre, aussi bons voire meilleurs que celui-ci.

Malgré le fait que cette voie soit l'une des plus efficaces et soit la motivation de nombreuses personnes importantes, il nous est difficile de la développer, à un degré intermédiaire, si nous ne possédons pas certaines aptitudes, ou capacités innées en notre être. Voici comment je nomme cette route:

4ÈME AFFECT SUR LA FAENA.

Cela ne signifie pas de l'affection pour les tâches fastidieuses, ou pour les détails de petits

Pertinence, à l'effort physique ou mental. Ce que j'essaie de dire, c'est l'affect qui conduit à un développement ou à une élaboration. Je me réfère à l'affection dont, grâce à lui, naît une œuvre, une tâche, une création, une production, etc., je veux dire par là qu'en vertu de l'affection envers la tâche, les dons les plus propices sont né pour l'accomplissement d'une tâche. Dans de nombreux domaines, cela s'appelle une pulsion artistique. Les psychiatres appellent cela un désir d'expression de soi, affirmant que la grande majorité des gens l'ont aussi. C'est le parcours qui motive le célèbre créateur, entrepreneur, sculpteur, inventeur dans tous les domaines, à développer une tâche persévérante. Ces personnes sont engagées dans une feuille de route incassable, puisque leurs tâches sont effectuées avec passion, ces personnes vivent et croient en ce qu'elles font. Pour eux, il n'y a aucune obligation de se rendre dans leur performance, car ils sont inondés d'une illusion qui leur donne une motivation pour se battre dans cette vie. Cette dévotion à la

Performance de une tâche, une gestion, une tâche, un engagement, motivent généralement les entrepreneurs qui ont réussi. La satisfaction même qu'ils obtiennent dans l'accomplissement de leur tâche, sans s'en rendre compte, enlève toute influence négative que d'autres pourraient leur transmettre. Le bonheur pour le développement d'une tâche les conduit au succès. On observe que ce stimulus peut produire un risque. La personne qui se lance dans cette voie peut conduire à l'instabilité. Les gens autour de vous peuvent être affectés par un manque d'attention aux autres. Il ne tolère pas d'être contredit et, par conséquent, court le risque d'avoir des conflits devant les tribunaux, ou devant la société, mettant en péril son capital durement gagné.

Avec lequel, bien que je conseille l'affection envers la tâche comme voie complémentaire, je ne la recommande pas comme sentiment prédominant dans la poursuite de la victoire. Il est vrai que ce triomphe ne peut être atteint sans suivre les

Itinéraire cité, mais on peut chercher la vie à la recherche d'une alternative, comme trouver une source d'enthousiasme moins risquée. Quoi qu'il en soit, la plupart des gens n'ont pas un si grand dévouement à faire un travail. Pour cette raison, vous pouvez conserver cette importante source d'énergie sans crainte.

L'affection à la tâche, équilibrée avec des sentiments supérieurs, est l'une des plus grandes possibilités de succès. Le bonheur porté à son expression maximale à travers l'exécution d'une tâche, les designers, les écrivains, ne sont pas les seuls artistes. L'entrepreneur est un artiste dans ses services, le gérant d'une entreprise, le chef d'une section commerciale, le coordinateur d'un événement, le directeur d'une entreprise, lorsqu'il réalise et façonne les secrets de la vie. Ils aiment utiliser leur compréhension, produire dans leur travail, non seulement pour une compensation financière, mais plutôt pour l'affection du travail.

Dans une entreprise, dans une multinationale de renom, où les employés ne sont pour la plupart que de simples maillons d'une chaîne de production, il est difficile pour l'instinct artistique de se manifester. Cependant, la vérité est que ceux qui obtiennent les postes les plus élevés parviennent à trouver une façon, ou une autre, de se manifester à travers leurs performances professionnelles.

Certains soutenus par des émotions de concurrence, ce qui les fait surpasser davantage leur production que le reste de leurs pairs. D'autres, motivés par un esprit agité, apprennent ce qu'il développe en d'autres avantages, et en même temps ils ne s'arrêtent pas de s'entraîner avec des cours, des séminaires, des études, etc., jusqu'au jour où la direction de leur entreprise réalise la formation de ce responsable salarié avec sa formation professionnelle.

Quelques autres de ces ouvriers, qui forment les maillons de la grande chaîne de production de

Une entreprise n'essaie pas si fort de se former professionnellement. Les manuels de formation théorique ne les motivent pas à les étudier, mais ils attirent l'attention sur les conceptions humaines des personnes. Ils sont infatigables lorsqu'il s'agit de communiquer avec leurs pairs, ils savent ce qu'ils pensent, comment ils agissent, ils ne perdent pas le détail de leurs vertus, mais aussi de leurs défauts, ils les analysent en profondeur. Et petit à petit, ils assimilent toute la sagesse qu'ils acquièrent des autres, ce qui leur donnera un bonus supplémentaire lorsqu'il s'agira d'exercer leur influence sur les autres, de gagner en leadership, en confiance et en proéminence dans leur environnement de travail. Le développement de cette faculté leur donne une satisfaction continue, car c'est leur façon de faire. Ils sont formés, comme tout athlète, pour l'amélioration continue de leurs facultés. Ils obtiennent des postes au-dessus des autres, ils deviennent contremaîtres, directeurs d'usine, coordinateurs, chefs de section, etc. Ils peuvent passer à un autre

Zone commerciale, atteignant des postes de certaines responsabilités. Ils peuvent influencer d'autres commerçants, effectuer des paiements ou des investissements financiers nécessaires, pour mener à bien de nouveaux objectifs commerciaux, et dans lesquels ils sont récompensés par une nouvelle promotion professionnelle.

Le paragraphe précédent décrit le nombre d'employés qui sont passés d'un emploi modeste à un poste de plus grande responsabilité. Les personnes qui composent ce groupe réussissent normalement le triomphe, car chez ces personnes apparaissent deux sentiments importants qui agissent en synergie: l'affection pour la tâche et l'affection pour leurs pairs. Ces sujets sont une réflexion fidèle, pour ces personnes qui prennent en compte les préceptes qui viennent dans la Bible de (servir et aimer les autres). Avoir de l'affection pour les autres peut être une émotion inconsciente. Vous pouvez imaginer qu'ils ne se soucient des autres que par cupidité.

Personne ne peut imaginer au sein de son forum interne, ce désir pour ses semblables, sans ressentir de l'affection de manière inconsciente. Ces personnes peuvent ne jamais offrir quoi que ce soit, même si elles le font. Les gens autour d'eux préfèrent ceux qui donnent plus que ceux qui sont offerts.

Mère nature a donné à ces personnes un don inné de compréhension de la nature humaine, capable de détendre leurs émotions internes, lorsque leurs nerfs sont à la surface, des motivations pour développer leur développement. Ils amènent les autres à leur faire confiance. Ils récoltent la stabilité chez leurs homologues, ils encouragent les gens à s'entendre sur différents points de vue au sein d'un groupe, ils développent une atmosphère de bonne humeur entre collègues, leur art est composé de subtilité.

Nous sommes maintenant sur une route que je garde pour un autre épisode: l'affection pour les autres. C'est un sentiment plus élevé que l'affection pour la tâche

Pour la route du triomphe. Cependant, pour le moment, nous nous concentrerons sur le dernier qui a été indiqué. Beaucoup de lecteurs peuvent penser qu'ils aiment positivement votre travail précisément parce qu'ils utilisent tant d'heures de votre temps précieux. Bien que l'affection pour le travail ne signifie pas en quelques mots l'affection pour les affaires, mais plutôt l'affection pour manifester le plus haut niveau que nous possédons en nous-mêmes à travers le travail. Au moment où nous devons résoudre de grands problèmes, la véritable affection à la tâche, ne donne pas lieu pour permettre de la laisser en second lieu, ou de prendre le vertige en stagnant dans la monotonie.

Un entrepreneur ou un agriculteur prospère peut faire son travail avec seulement quelques heures de travail par jour. Pendant cette période, ces personnes se concentrent sur les problèmes les plus importants. Y compris en dehors de l'environnement de sa profession, son esprit est concentré sur ces tâches. De cette façon, vous pouvez

Soyez motivé à tout moment de la journée. De la même manière que les grands hommes d'affaires ne tolèrent ni les minuties, ni la monotonie. Cependant, comme ils ont une affection sincère pour leur travail incessant, ils obtiennent généralement en quelques heures ce que les autres obtiennent en plusieurs jours de travail.

Le travail de ces personnes n'est pas simplement une simple évasion, c'est plutôt une extension de leur motivation la plus importante, l'envie de créer et de se développer. Pour cette raison, ne remettez pas en question votre travail pour le temps qu'il vous prête. de longues heures de travail peuvent masquer le besoin d'un discernement intense.

QUATRIÈME ÉPISODE.

UNE HABITE FAVORABLE.

Une affection pour le travail dans sa juste mesure est absolument nécessaire pour réussir. Il y a un autre besoin qui, je pense, est encore plus précieux mais, en tout cas, il doit être uni par l'affection pour la tâche. Cette autre exigence sera discutée dans le prochain épisode. En raison de cette exigence, nous observerons que si l'on ne peut pas ressentir d'affection pour la tâche, il peut être possible de ressentir de l'affection pour l'appréciation d'une tâche différente. Cependant, dans un premier temps, il conviendrait d'appliquer une habitude qui, sans être jugée nécessaire, est souvent appropriée pour obtenir de l'affection pour la tâche, jusqu'au niveau nécessaire pour réussir. C'est l'habitude de:

TRÉSOR.

Je ne conseille pas de thésauriser juste pour le plaisir, mais plutôt pour épanouir l'affection pour

L'oeuvre. Une augmentation constante de votre capital bancaire est une indication palpable du progrès économique. Ce progrès crée une perspicacité de thésaurisation très puissante. Sans s'en rendre compte, il forge des itinéraires pour faciliter sa tâche, obtenir de plus grands profits et chérir davantage. De cette façon, leur affection pour la tâche est plus efficace.

Un vieil homme d'affaires distribuait plusieurs pièces à ses proches, pour leur apprendre à accumuler leurs gains. Pour cet homme d'affaires, cette habitude était très importante, pas forcément à cause du peu de pièces qui pouvaient être collectées, mais plutôt, à cause du soutien moral qu'elle offre, de cet élan pour l'affection à la tâche. C'est une belle chose, mis à part le gain financier.

Il n'est pas possible de conserver les gains financiers sans un soutien émotionnel. Ce qu'on appelle la discipline, aussi sévère soit-elle, il ne sera pas possible de transformer quelqu'un en un stockeur de

Vos gains, sauf si vous avez un stimulus. Pour certaines personnes, la peur (la thésaurisation pour les moments difficiles) suffit. Pourtant, «c'est une cruche d'eau froide, pour la motivation, le fait de devoir constamment marcher avec la peur d'une situation douloureuse», «ce qui risque pour notre stabilité mentale et émotionnelle, notre émotion entrepreneuriale, la négociation et la libération. "Parfois, il peut être pratique de ne pas accumuler autant. Certaines personnes ont raison de refuser cette voie pour accumuler plus de richesses.

Au lieu des routes pessimistes, nous devons trouver du positif, dans notre décision d'être des accumulateurs. Il y a généralement un désir d'auto-permissivité. Si nous ne trouvons pas de stimulus plus puissant, nous ne pourrons pas devenir des accumulateurs. Ce qui pousse vraiment les gens à atteindre leurs objectifs, c'est l'ambition.

Pour relâcher notre désir de gaspiller le

L'argent, une alternative est de promouvoir notre ambition de construire notre propre entreprise, d'être propriétaire d'un bien, d'un magasin, d'une entreprise, ce qu'on appelle des actifs actifs, au lieu de perdre notre argent avec des actifs passifs, puisque ces derniers au lieu de générer de la richesse , ce qu'il fait, c'est le perdre. Cependant, artistes, compositeurs, musiciens, inventeurs, acteurs, écrivains, etc., leur ambition est qu'ils ne peuvent tout simplement pas manquer d'atteindre l'objectif qu'ils se sont fixé, avec lequel, dans cette situation, soit par vocation ou par conviction, votre motivation est plus qu'assuré.

N'oubliez pas que la thésaurisation de vos économies n'est qu'une façon d'améliorer votre affection pour le travail. Si cette thésaurisation devient le sentiment prédominant, et non complémentaire, la nature accumulée de plus en plus, cela conduira à l'avidité, et avec le temps cela pourrait jouer contre vous.

CINQUIÈME ÉPISODE.

ET, CINQUIEME PRECEPT, POUR L'OBTENTION DU TRIOMPHE.

Faire un examen de, pourquoi nous commentons les sentiments dominants. Il faut insister sur ce besoin. Premièrement, c'était le quatrième précepte du triomphe:

(PERSONNE NE PEUT LES POUSSER VERS LE SUCCÈS; VOUS DEVEZ ÊTRE POUVOIR PAR UNE ÉMOTION OU UNE HUMEUR DOMINANTE, CONSTANTE ET DURABLE).

Conformément à ce précepte, nous avons compris que quelqu'un d'efficace est quelqu'un qui est imprégné par un sentiment, si puissant que d'autres sentiments deviennent secondaires si nous le comparons à ce sentiment prédominant, en d'autres termes, quelqu'un qui a les sentiments nécessaires, de sorte que ils agissent de telle manière qu'ils vous dirigent constamment sur le même chemin.

En disant que les qualificatifs habituellement utilisés, pour désigner des individus efficaces, précieux et compétents: nous parlons de la vitalité qui émane de la passion, de la motivation, de l'enthousiasme, de la passion, du dévouement, du courage, du courage, de la persévérance, de la confiance, de la lutte pour une constante amélioration personnelle. Ces termes n'indiquent pas les capacités des grands intellects, plutôt des mystiques. Plus que quelques termes que nous pouvons avoir à l'esprit, ils indiquent des sentiments. C'est une question d'aptitudes dans notre personnalité; l'aptitude à l'origine du bon caractère prédominant, et qui réside dans la personne, sa manière constante de percevoir les choses. Ces émotions mènent à des idées. La vérité est que les idées risquent de dériver avec le temps, mais elles reviennent généralement à la place de votre esprit, vous canalisant sur le chemin que votre personnage prédominant établit. Le caractère prédominant d'une personne est la condescendance envers soi-même, l'indulgence d'un caprice et de la majorité

Des envies, vous ne vaincrez jamais.

Poursuivant l'examen, les sentiments qui conduisent l'individu vers le succès ont également été expliqués, étant les suivants:

1er Aigreur ou avidité pour le pouvoir.

2e peur de la défaite.

3º La fierté.

4e Affection à la tâche.

En se référant du premier au troisième, il est préférable de ne pas être possédé par ces sentiments. Les développer n'est pas conseillé. Le quatrième sentiment est celui que je recommande, en tant qu'émotion prédominante. Si quelqu'un est en possession de cette émotion, tant mieux pour vous. La plupart des talents de l'humanité l'ont naturellement. Cependant, l'affection pour la tâche, pour la tâche elle-même, va à l'encontre de la condition humaine.

Il existe de nombreuses façons de ressentir de l'affection pour le travail, pour différentes raisons. Avec quoi, ce sentiment sera notre sentiment prédominant. Quel serait?. Bien qu'il y ait plus de sentiments susceptibles de conduire les gens au succès, il y en a deux assez utiles à discuter dans ce livre. Étant ceux que je cite ci-dessous:

5ème Affection pour votre voisin.

6. L'affection pour Dieu.

Je peux imaginer que de nombreux lecteurs qui lisent ce livre ont été perplexes. Qu'est-ce que Dieu aura à voir avec le succès? Celui qui a réussi a-t-il éprouvé de l'affection pour son prochain? Je réponds à ces questions que l'adjectif «affection» a un sens beaucoup plus profond qu'on ne lui donne normalement. Si les lecteurs perplexes veulent continuer à lire jusqu'à la fin de ce livre, je pense que la plupart des gens

Vous comprendrez que l'affection pour votre prochain, dans sa compréhension la plus profonde, oriente les gens vers le succès.

J'affirme que l'homme d'affaires prospère sert mieux son prochain, car il ressent plus d'affection pour lui. Le commerçant prospère estime son voisin dans une plus grande mesure que ses homologues, car il reste en permanence étroitement avec son voisin. Tout le monde comprend que dans presque toutes les facettes de la vie, le simple fait d'être en contact avec les autres est une condition nécessaire pour qu'une personne réussisse dans la vie.

Cependant, une personne ne trouvera pas facile de se connecter avec ses pairs, si elle ne ressent pas d'affection pour elle, du moins à un certain niveau. Cette prédisposition envers les autres, cette volonté de rester en contact avec les autres, est de l'affection pour les autres. Il est possible d'avoir un niveau bas, bien que cela suffise avec l'intention de vouloir fournir un service aux personnes à

Faites-en une affection de niveau supérieur.

Le type d'affection le plus courant est la nature servile, le désir de se réunir avec les autres. C'est un désir essentiel de l'instinct humain. Si l'on va dans le sens contraire de cette nature, de temps en temps la partie lésée se retire; quelqu'un est né qui s'auto-marginalise, et d'autres pathologies psychologiques. Les pathologies précitées s'accompagnent parfois de problèmes de santé. Une personne renfermée échoue généralement, malgré des succès sporadiques dans certains domaines de sa vie.

Cependant, je n'incrimine pas les marginaux pour ne pas apprécier leurs pairs. Il peut arriver qu'il les considère de bon cœur, et qu'il puisse faire des efforts pharaoniques pour les autres, bien que son affection soit chargée de restrictions, elle ne se manifeste pas en toute liberté, et il ne sait pas en semer les compensations. affection. Les intuitions, y compris la nature servile, nécessitent une formation gratuite et, dans le sens contraire, sont

Cela peut se retourner contre la personne.

Cette nature servile est exactement la même que l'instinct de troupeau. Certaines personnes n'ont pas la capacité mentale de vivre seules. Dans tous les cas, les personnes qui liront ce livre, dans une plus ou moins grande mesure, seront des personnes désireuses de s'améliorer. Vous cherchez dans les livres des itinéraires pour savoir pourquoi? à ce jour, ils n'ont pas réalisé tout ce qu'ils veulent vraiment. Enquêter sur différentes alternatives MOINS la bonne: la construction des capacités qui ouvriront les portes pour que votre âme servile s'exprime correctement.

Dans le sens inverse, il y aura quelques personnes qui liront ce livre, et je le commente car, ce groupe est dans un secteur qui normalement ne sympathise pas avec l'étude, n'aime même pas lire - pour qui la nature servile est un problème. problème, qui frappe par son affection pour la tâche, pour le

Route de la nature servile, ils tentent de sortir des vicissitudes mentales que la tâche produit, ou d'une autre nature. Ces personnes, quand elles doivent développer leur travail comme les relations publiques, qui enlèvent à travers les étages des entrées des discothèques, des hôtels, des boîtes de nuit, des bars à karaoké, des boîtes de nuit, des salles de jeux, au lieu de passer suffisamment de temps à voir vos utilisateurs, se soucient eux, leurs besoins, écouter ce qu'ils ont à dire, fournir ce dont ils ont besoin dans une mesure cohérente, partir à la recherche de clients potentiels, afin de combler les locaux. Bien qu'ils ressentent de l'affection pour les autres, cette affection se situe à un échelon inférieur et ne les dirige pas vers le sentiment puissant de vouloir aider les autres.

SIXIÈME ÉPISODE.

UNE MAUVAISE HABITE QUI DOIT ÊTRE ÉVITÉE.

Dans l'épisode précédent, nous n'avons toujours pas fini d'expliquer le précepte numéro 5, moteur du triomphe: l'affection pour les gens. Il est très difficile de développer ce sentiment, à un niveau qui convient, si l'intention sincère de se réunir avec notre prochain n'est pas réalisée en premier lieu. Ceux qui liront ce livre qui ne "traînent" pas facilement avec les autres, et pour les aider d'une certaine manière, étudieront plus tard les aspects plus profonds de ce système, jusqu'à ce que nous comprenions comment résoudre cette mauvaise habitude d'appliquer trop d'introspectif.

C'est un obstacle, car il nous est difficile de nous améliorer, il nous est difficile d'offrir notre meilleur service aux autres, si nous ne pouvons pas prédominer avec qui nous entretenons des relations professionnelles et obtenir leur affection.

Même en entreprise, il est difficile d'avancer, si l'on ne comprend pas comment gérer les travailleurs. Indépendamment de ce que nous faisons, nous ne devons pas «imposer», nous ne devrions pas avoir la possibilité d'utiliser nos facultés efficacement. En commençant par un nettoyeur de chaussures, jusqu'à atteindre le président d'une entreprise très importante, celui qui sait s'imposer sur les autres, réalise tout ce qui est proposé. Celui qui sait interagir avec les autres, il y a la possibilité qu'il fasse une erreur sur son chemin, mais il y aura toujours plus de possibilités pour réussir.

Dans la Bible, nous estimons votre prochain, mais cela ne sera pas réalisable, à moins que nous n'interagissions avec notre prochain, et que nous arrivions à mieux le comprendre. Il ne s'agit pas simplement de convictions, mais plutôt d'efficacité, d'un caractère bien établi et en harmonie avec l'esprit. C'est notre instinct qui nous demande que cette affection se manifeste à travers un médium

Constante, et utile, à travers les habitudes quotidiennes, au lieu des illusions qui naviguent dans l'esprit des retirés. Pour procéder efficacement dans la plupart des domaines, il est nécessaire de rechercher une compréhension constante avec les autres, à moins que nous ne voulions saboter tous nos efforts de travail.

CINQUIÈME LEÇON DU SYSTÈME D'AMÉLIORATION ÉCONOMIQUE.

Votre voisin ne fera pas confiance à ce que vous lui offrez, à moins qu'il ne perçoive que vous appartenez à son groupe, et s'habitue à votre mode de vie, avec ses défauts et ses vertus.

Cette méfiance causée par un manque de confiance, produit la frustration de nombreux entrepreneurs. D'autres ne les perçoivent pas comme des personnes appartenant à leur groupe. Par conséquent, il est méfiant, en d'autres termes, qu'ils soient perçus comme des personnes qui ne sont pas appréciées. Les gens se sentiront toujours en sécurité, si la personne avec laquelle ils interagissent se rapporte à eux avec conviction et appréciation, ce sera plus productif pour eux que de ne pas avoir à se rapporter à ceux qui sont retirés. Depuis le retrait a des problèmes, pour faire approuver ses prestations, sans l'aider à valider sa spécialité.

Dans notre quête pour remporter la victoire, nous n'avons pas à agir comme des hypocrites retirés, en remerciant le Messie, car il nous a conçus différemment des autres. Nous devons nous rapporter à notre environnement social, dit-on avec: commerçants, transporteurs, fournisseurs, fabricants, etc., écouter leurs besoins, y répondre, ils doivent voir que nous nous soucions de leurs préoccupations de manière engagée, si nous veulent avoir des relations commerciales les plus fluides possible, les échanges et les transactions doivent se faire comme si vous les faisiez pour vous-même, c'est-à-dire vis-à-vis de votre utilisateur, mentalement, vous devez en faire une extension de votre propre être, quand On travaille avec cette conviction, les autres percevront en vous la complicité des affaires, quelqu'un en qui ils peuvent faire confiance en leur temps, leur énergie et leur argent.

Cela peut nous surprendre qu'au début, l'accueil soit un peu froid. Peut-être que nous n'avons pas

Chère à nos voisins, savoir les divertir, les comprendre, etc., ils nous perçoivent comme quelque chose de "cendré". Nous savons à peine ce qu'ils pensent, nous savons très peu de choses sur leurs tâches et nous ignorons ce qui se passe autour de nous. En raison de notre incompétence, pour saisir une variété d'indices, qui sont intrinsèques à l'existence de ceux qui nous entourent, nous ignorons leur sens de l'humour. Nous devons ajouter qu'il est également difficile pour nos voisins d'avoir affaire à des gens entreprenants comme nous, tout comme il nous appartient de faire face à eux.

Dans le cas hypothétique où notre voisin doit jouer à la maison, cet avantage agira en sa faveur, pour cacher plus facilement son embarras, et paraître plus qualifié à notre égard, et accessoirement, il essaiera de faire sa part, pour que nous nous sentions plus à l'aise, soit en n'étant pas trop débordé, soit en prenant soin de nous avec plus de soin. Votre embarras peut jouer une mauvaise chose

Passé, entravant nos relations commerciales. Après plusieurs dédain, le retiré revient généralement à ses vieilles habitudes avec confort. Il reconnaît volontiers que cette situation d'événements ne peut être modifiée. Ce qui se passe, c'est que votre affection pour votre prochain est assez faible pour faire le travail nécessaire. Comment résoudre cette situation, interagir avec nos voisins, être accepté dans un environnement commercial, acquérir un apprentissage et mieux offrir nos services?

Sans aucun doute, il n'y a pas d'autre option, que nous devrons faire des choses que nous n'aimons pas. Nous n'allons pas les faire non plus, à moins d'avoir un motif très fort. Une démonstration serait de recourir à notre propre amour. Allons-nous jeter l'éponge, pour une difficulté en cours de route? Nous pouvons également faire appel à notre colère en la dirigeant vers nous-mêmes, en canalisant cette énergie contre nous.

Caractère inapproprié.

Nous pouvons également appliquer le sixième précepte du système d'amélioration économique, que je montrerai dans un prochain épisode. Nous savons que nous ne devons pas nous soutenir uniquement avec l'énergie de l'intention, que nous devons la compléter avec un sentiment puissant et constant qui nous conduit à effectuer des tâches lourdes. Choisissez entre les sentiments prédominants classés dans ce livre, ou à partir d'une autre source de connaissances, mais vous devez trouver quelque part, une ÉNERGIE DE PROPULSION. Après avoir choisi celui qui correspond le mieux à vos besoins, UTILISEZ-le pour vous efforcer d'exécuter le plan suivant:

Dans un premier temps, nous irons dans tous les domaines où nous avons la possibilité de communiquer avec des partenaires potentiels, et de nouer de nouveaux contacts. Nous profiterons de toutes les possibilités de notre environnement commercial pour qu'il se développe et atteigne un marché plus large

Là où notre prestation de services peut être offerte à plus d'utilisateurs, nous assisterons à des conférences, des congrès, des forums, en nous immergeant constamment dans le monde commercial, commercial, industriel, lorsque nous nous retrouvons à participer à tous ces événements, il est compréhensible que nous vivions comme si nous étions les intrus dans une salle de fête. Nous endurerons aussi longtemps qu'il le faudra, pour se débarrasser de l'image d'un intrus. Il n'est pas possible de trouver et de choisir des partenaires sans avoir au préalable acquis certaines qualités, comme les relations publiques. Nous apprécierons toutes les possibilités qui nous sont offertes, pour exercer ces qualités sociales, pour des échanges commerciaux.

Dans chaque situation commerciale dans laquelle nous nous trouvons, l'intention et la détermination sont tout aussi importantes que la présence. Se pourrait-il que vous ne sachiez pas raconter une anecdote amusante? Il n'y a aucune raison pour toi

Ne vous demandez pas comment en profiter, lorsque vous êtes témoin d'un commentaire positif et heureux de quelqu'un que vous admirez, cette situation peut être la vôtre, trouvez un moment de la journée où vous êtes libre de toute distraction, et répétez cette anecdote mentalement autant de fois que nécessaire, jusqu'à ce qu'il soit mentalement enregistré dans votre esprit, en même temps que vous enregistrez cette anecdote dans votre inconscient, associez cet exercice à une sorte d'appareil d'appel, soit en touchant votre annulaire, en prenant le menton, ou tout autre geste qui n'attire pas l'attention, mais qui en même temps vous sert, de recourir à cette méthode chaque fois que vous en avez besoin, en termes de psychologie, cela s'appelle une "ANCRE", l'idée est la suivante, chaque fois que vous êtes un certain type d'événement commercial, et l'environnement est quelque peu hostile, vous pouvez toujours utiliser cette ancre, et juste en touchant votre annulaire, ou tout autre lien que vous avez choisi, cela vous servira bien. Ira de sorte que

Automatiquement reproduisez cette anecdote positive dans la bonne humeur, en réussissant à briser la glace de toute situation hostile, en même temps que vous parvenez à donner une image d'une personne avec un Don de Peuple à vos semblables, avec le temps vous allez polir cela compétence qui vous fournira le talent nécessaire, pour sortir de situations commerciales austères.

Les gens ne trouvent pas l'approbation des échanges commerciaux, sans avoir fait un effort pour y consacrer le temps nécessaire. Réservez une partie de votre temps pour acquérir une habitude sportive, qu'il s'agisse de disciplines d'effort doux. Le monde du sport est un type de conversation avec de nombreux débouchés, auquel vous pouvez toujours utiliser, pour compléter vos conversations, quand il s'agit de renforcer les liens commerciaux, si on ajoute cela à la discipline qui est requise, pratiquer un sport avec régulièrement , cela vous aidera à forger un personnage, pour qu'il soit plus incassable en ce qui concerne

Poursuivez et atteignez vos objectifs.

Maintenant vous allez me dire: qu'en est-il de la formation académique? Vous n'obtiendrez pas une grande partie de votre formation académique, si vous n'obtenez pas une compétence sociale dans le monde commercial, pour que vos prestations soient approuvées, la plupart des retirés devraient passer quelques années à se préparer aux pratiques sociales, et continuer à exercer leur expérience. Si cette pratique fait défaut, les personnes avec lesquelles vous échangez n'approuveront pas vos propositions commerciales. Laissez-moi vous sortir de la tête, essayez de socialiser avec d'autres personnes retirées, ou avec des personnes qui, selon vous, appartiennent à des groupes de très haut niveau. Car dans cette situation, il court le risque de se retrouver déplacé, inopérant, pour démarrer une opération commerciale avec ses homologues, conscient de se socialiser avec les autres de manière favorable, incapable, de leur offrir le bénéfice que les autres

Demande: que les autres se sentent bien avec vous, cela signifie ne pas avoir de difficultés à socialiser avec vous dans une atmosphère de coopération, et d'échanges d'un commun accord, où les deux parties acceptent les engagements convenus, car elles comprennent qu'en fin de compte elles sortira gagnant. Au moment où vous aurez exécuté les points précédents, vos contacts professionnels seront intéressés par vos services. Auparavant, si vous n'appliquez pas d'estime à votre voisin et que vous socialisez avec lui, vous ne le soutiendrez pas commercialement, ce qui est important pour réussir. Plutôt que d'ignorer la nature servile, comme beaucoup de gens le font, je pense qu'il est important d'augmenter l'estime. Comment est-il possible d'estimer, si le désir de socialiser avec les autres fait défaut? L'affection honnête nécessite de renforcer les liens, de se mêler, d'échanger des idées et des opinions, de créer une complicité avec ceux qui ressentent de l'affection. Si estimé, vous devez

Approuvez les autres, avec leurs défauts et leurs vertus.

SEPTIÈME ÉPISODE

LE MYSTÈRE SPIRITUEL DU TRIOMPHE.

On pense que la peur se nourrit de lui, et elle augmente anormalement. La même chose arrive avec l'affection. Tenant compte que pour le premier, il y a une nature servile, simple, pour l'affection, l'estime peut augmenter de manière élevée. Cela arrive à l'inverse avec la peur, l'affect ne peut pas augmenter de manière déformée. L'affection est la situation normale de la personne, la symbiose qui se crée entre l'être humain, et tous les préceptes de Dieu, et de la condition humaine, elle nourrit nos projets, visualise nos buts et objectifs, et réalise le triomphe, pour notre affaires.

Après avoir laissé libre cours à la nature servile, pour pouvoir estimer les autres avec leurs défauts et leurs vertus, quelle peut être la prochaine étape? La première étape de tout

L'affection est de rendre heureux le but cher. Il est compréhensible que notre affection monte, quant à elle, notre illusion de rendre notre prochain heureux, atteignant le pas où nous approuvons tous les efforts qui sont pertinents, pour atteindre cet objectif.

Notre objectif de travail sera notre prestation de services, donner le meilleur de nous-mêmes, pour l'offrir à nos voisins. Au-delà d'être un obstacle, cela doit être une bénédiction. Nous pouvons être heureux SI NOUS FOURNISSONS NOS SERVICES à notre voisin de la meilleure manière que nous savons comment le faire, en recherchant tous les itinéraires possibles, dont le but est de rendre nos utilisateurs heureux, etc. De cette façon, nous serons canalisés vers la victoire.

Dans le paragraphe suivant, il englobe le mystère spirituel du triomphe, que je lui avais commenté au début de ce livre, étant le:

LEÇON SIX DU SYSTÈME D'AMÉLIORATION ÉCONOMIQUE.

Exercez votre affection pour les autres jusqu'à ce que votre meilleure aspiration soit de les rendre heureux. A partir du moment où cet objectif sera consacré dans un dévouement constant, vous serez conduit vers tout ce qui est vital, pour la réussite.

Seules les personnes qui se donnent honnêtement pour donner le meilleur d'elles-mêmes, dans la fourniture de leurs services en pleine expansion, à un nombre de sujets qui ne cessent de se multiplier, peuvent aspirer au succès. Cette conviction ne peut venir que de l'affection accordée à ceux qui obtiennent ces avantages.

C'est le sentiment prédominant que nous recherchons, donc il ne représente aucun risque pour notre santé psychologique, qui est en équilibre avec tous les préceptes

De Dieu, et des êtres humains, qui nous offre la propulsion dont nous avons besoin, pour une utilité durable, et pour une valeur envahie par les aspirations.

Comme expliqué dans les leçons précédentes, nous allons examiner celle-ci, et voir si elle est approuvée par les événements du passé de l'humanité, par rapport à ceux qui ont réussi.

Examinons la situation suivante, celle de deux acteurs. Tous deux jouent leurs rôles de manière magistrale, tous deux sont en possession du talent d'agir, malgré les commentateurs affirmant qu'ils sont des acteurs vulgaires. Avec leur maîtrise très normale, aucun d'eux ne pouvait espérer triompher.

Vous n'avez toujours aucun résultat. Il joue uniquement les rôles qu'il aime. Vous voulez gagner, mais vous n'appréciez pas votre public. Son dévouement prioritaire est

Montrez à quel point vous êtes bon en agissant. Le public sent son tempérament froid et ne lui donne qu'un simple regard. Votre frustration est totale.

Cependant l'acteur suivant, estime ses téléspectateurs. Ce qu'il veut le plus, c'est les rendre heureux. Jouez les personnages que votre public aime, de la manière qui lui plaît le plus. Dans son désir d'améliorer la satisfaction de son public, il ne cesse de s'entraîner, de suivre des cours de théâtre et d'art dramatique. Intuitionnez rapidement si l'une de ses performances va graviter ou déplaire. Il essaie régulièrement de savoir avec les personnes avec qui il se rapporte, quel genre de personnages le public doit voir. Il interagit constamment avec son voisin; d'abord, parce qu'il les évalue, ensuite, pour savoir ce qu'ils veulent voir. Vous pouvez passer un certain temps sans succès, car vous avez du mal à comprendre ce que veulent les téléspectateurs, mais votre moral reste toujours élevé. Après quelques années de formation constante,

En acquérant de l'expérience, et en passant par une multitude de castings, avec une si grande affection pour atteindre ses objectifs qu'il ne peut en sortir, le public commence à accepter l'affection que l'acteur voue à ses téléspectateurs. Il voit comment son public réagit d'abord avec une certaine considération, puis avec ferveur, et à la fin avec des clameurs. Comme on dit: «nous avons une personne comme les autres; Il est avec nous, il sait ce que nous estimons et il l'estime de la même manière. Il est attiré par nous, de la même manière que nous le sommes. Il y a une brûlure d'émotions dans ses interprétations des films, dans lesquels il joue, ce qui n'est pas apprécié avec les autres acteurs, du moins dans le genre cinématographique auquel il se consacre ». En peu de temps, notre acteur atteint la gloire; obtenir le triomphe.

Cependant, en premier lieu, cet acteur à succès ne possédait aucun talent que l'autre ne possédait pas. Il possédait même moins de qualités que la plupart qui n'obtiennent pas le

Succès, sauf une affection durable, qui ne faiblit jamais envers ses spectateurs, avec laquelle, un sentiment prédominant, qui l'a conduit aux grands efforts, vitaux pour obtenir le succès. En ce moment, nous commençons à entrer dans le mystère qui est caché, pour obtenir le triomphe que la plupart des acteurs du cinéma, de la télévision et du théâtre ont. L'affection qu'ils ressentent pour leur public, ils n'en ont généralement pas conscience.

De nombreux acteurs à succès de différents genres associeront le mérite de leur succès à leurs talents d'acteur plutôt qu'à leur affection, même si leurs performances laissent beaucoup à désirer. Mais on peut leur pardonner cette arrogance, car ils nous apprécient. Il n'est pas possible à quelqu'un qui perçoit de l'antipathie envers les autres, ou qui ne ressent que de l'indifférence envers les autres, d'exécuter ses tâches ou d'approuver des efforts vitaux, d'obtenir du succès dans ce domaine.

Un précédent comparatif peut être appliqué aux entrepreneurs, industriels, commerçants, hommes d'affaires, investisseurs, cadres, industriels, actionnaires, etc. .

Le triomphe appartient à celui qui éprouve de l'affection pour ses utilisateurs, ou clients, se donnant avec passion pour donner le meilleur de lui-même à ces utilisateurs, pour les rendre heureux.

Nous n'avons pas à penser que l'affection dirigée vers les êtres humains ne peut s'exercer que par des œuvres humanitaires. Il peut être intensifié avec des relations à vie, dans l'environnement de votre entreprise ou de votre lieu de travail. Le bon homme d'affaires se mêle aux employés de son usine, car ceux-ci sont un maillon de la chaîne chargé d'élever l'entreprise.Par conséquent, l'homme d'affaires qui regarde et se soucie de ses employés, ceux-ci s'efforceront à leur tour davantage, pour que l'entreprise produit plus d'avantages, produisant une symbiose entre l'employeur et ses employés. Chacun

Dans le rôle qui lui correspond, il développe son affection envers le service qu'il exerce et, s'il gagne, il s'engage à rechercher les mécanismes appropriés, pour augmenter en permanence le nombre d'utilisateurs auxquels il fournit ses services.

Il y a des gens qui peuvent développer cette affection, par la simple écriture. Un entrepreneur prospère de la vente par correspondance a eu l'idée de l'appliquer.

Je vais vous expliquer comment il l'a fait. Cet entrepreneur s'est concentré sur la lecture de toute la correspondance qu'il a reçue. Ses concurrents pourraient utiliser les mêmes tactiques que lui: ce qui se passe, c'est que cet homme d'affaires est une personne normale, du lot. Mais il ressent de l'empathie pour ses utilisateurs, et parce qu'ils lui ressemblent. Il a lu beaucoup de correspondance postale, de tous ses utilisateurs au cours de sa longue carrière commerciale; a envoyé des millions de réponses; vous avez vérifié comment ils ont répondu à vos envois postaux,

Être capable de beaucoup connaître ses clients, presque comme lui. Dans ses affiches publicitaires, ses utilisateurs peuvent interpréter qu'il les connaît, qu'il ressent de l'empathie pour eux, qu'il fait partie du même groupe où se trouvent ses clients. Ils lui rendent son empathie, lui font confiance, ils le choisissent parmi tous les concurrents. La raison pour laquelle ce résultat se produit, est un élément intangible dans les documents publicitaires, tels que la forme, la procédure, le mode et la particularité, ce n'est pas seulement le raisonnement de la transaction.

J'ai perçu des détails intangibles, mais avec une certaine différence, dans les écrits d'autres entrepreneurs sur la vente de ce même secteur. Mais ils n'essaient pas de faire preuve d'empathie envers leurs clients, en ne suivant pas le même système de l'exemple précédent, avec lequel, le résultat qu'ils obtiennent est rare.

Ce que les entreprises les plus prospères ont en commun, c'est qu'elles comprennent

L'importance de savoir ce que veulent vos utilisateurs, de faire preuve d'empathie avec eux et de se concentrer sur leur satisfaction afin de toucher un plus grand nombre de clients.

Il est évident que la revendication est aussi un gain financier, mais beaucoup de ces entrepreneurs, leur esprit d'amélioration, leur attitude entrepreneuriale, le défi de surmonter les défis, rendent le chemin qu'ils doivent parcourir pour atteindre leurs fins, il est aussi attrayant que le récompense financière.

J'ai vu comment un charlatan de vendeur ambulant, dans un marché aux puces, passait quelque temps à rendre heureux une personne handicapée, laissant libre cours à sa capacité de parler. Il n'avait aucune raison de le faire, si ce n'est qu'il aimait faire passer un bon moment à ce handicap, tout comme les autres. Ce vendeur ambulant, ressentant une affinité pour son voisin, répète toujours le même rôle de

Comportement. Cela ne vous dispense pas d'être un charlatan. Chaque fois que l'occasion se présente, il ne lésine pas sur l'utilisation de ses compétences en relations humaines pour vendre des minuties à un coût exagéré.

En tout cas, s'il ne ressentait pas d'affinité pour son voisin, il ne lui aurait pas été possible d'acquérir cette qualité de savoir-être, pour la vente de rue. Comme son affection n'a jamais suffisamment augmenté pour vouloir s'occuper de satisfaire ses clients, il n'a réussi à être qu'un simple colporteur sans douleur ni gloire.

J'atteste que moi, l'auteur de ce livre, j'ai été le fils de vendeurs d'un étal de rue, sur différents marchés, il y a de nombreuses années, lorsque j'ai accompagné ma mère, dans une camionnette presque aussi grande qu'un camion, chargée de tous les variétés de genre, que vous pouvez imaginer, nous sommes arrivés au marché, à 05h30, le matin, nous avons pris notre position, avant les autres,

Endurant le froid rigoureux de l'hiver et la chaleur accablante de l'été, j'ai observé ma mère comme elle faisait le meilleur d'elle-même, en mettant tous les articles qu'elle avait en vente, de la manière la plus exquise, ordonnée et méthodique que vous puissiez imaginer , cet amour que ma mère mettait en exposant tous ses objets au public, faisait comprendre aux acheteurs de manière subliminale, l'amour que ma mère ressentait pour son travail, l'enthousiasme qu'elle mettait dans chaque vente qu'elle faisait, la sincère gratitude que ma mère a montré à tous ses clients, qu'ils achetaient ses objets bon marché ou chers, son dévouement lorsqu'il s'agissait de satisfaire ses clients, était si fort que même si elle vendait un objet de peu de valeur, l'attention qu'il consacrait à son client, il était tout aussi intense, comme s'il s'agissait d'une vente à un coût très élevé, tous les articles que ma mère vendait avaient été précédemment examinés par mon père, depuis que mon père, mère nature a accordé un cadeau , pour l'artisanat et la réparation d'objets de tout

Nature et nature, mais, à part cela, quand mon père a restauré un objet, il l'a fait avec la conviction mentale qu'à la fin ça allait être pour lui, donc ma mère chaque fois qu'elle vendait un objet, elle était si fiable comme s'il était neuf, tout ce qu'il vendait était de haute qualité, à tout cela, il faut ajouter la sympathie et l'affection qu'il montrait à chacun de ses clients, au fil du temps j'ai réalisé que la plupart de leurs clients revenaient pour acheter plus d'articles, car ils savaient qu'acheter à ma mère était un gage de qualité, le mot s'est répandu sur les différents bibelots, d'où nous venons, donc notre clientèle a augmenté semaine après semaine, et avec la main sur mon cœur, je peux vous garantir que mon les parents avant de se retirer de leur étal de marché, étaient ceux qui vendaient le plus par rapport à leurs voisins, et autre chose non moins importante, ils étaient aussi les plus aimés et appréciés par la majorité des utilisateurs qui visitaient le marché. Cette expérience que j'ai vécue avec mon

Parents, il est resté en moi, tout au long de ce temps, et maintenant je le partage avec vous tous, parce que l'exemple que mes parents m'ont donné, de toujours faire ce qu'il faut, avec effort, passion et affection, ou plus tard, Ou plus tôt, à la fin, le succès finit par venir.

L'affection d'une personne doit augmenter, elle doit être transmuée en une véritable passion, pour y faire face de la meilleure façon possible comme expliqué dans la sixième leçon, avant d'attendre un grand triomphe. L'affection pour les autres doit être si immense qu'elle doit naturellement motiver le désir d'aider, tout comme le médecin le fait à ses patients.

La plupart des succès impliquent un effort, et un très grand sacrifice, seulement viable, pour ceux qui sont possédés par un sentiment puissant et durable dans le temps. Au moment où ces personnes manifestent, que (elles choisissent les procédures avant les résultats), elles indiquent une affection envers leur

Voisin, et un désir de l'aider, et ce serait encore plus respectable, si cela était fait inconsciemment. Beaucoup de gens pratiquent plus de personnes, fournissant leurs services de manière plus positive, que ceux qui le font de manière intéressée et en ayant pleinement conscience. Faites attention à ce beau précepte recueilli dans la Bible:

"Servez avec le cœur, en obéissant au Seigneur et non aux hommes."

C'est la première raison de cette transaction bénéfice par bénéfice, qui rend la coexistence viable. Les nécessités quotidiennes, nourrir les affamés, hydrater les assoiffés, loger les sans-abri, rendre les gens heureux avec un grand nombre d'avantages. Ces personnes sont les meilleurs architectes de toutes les personnes qui fournissent leurs services.

HUITIÈME ÉPISODE.

SIXIEME PRECEPT DU SYSTEME D'AMELIORATION ECONOMIQUE.

Dans les épisodes précédents, nous avons analysé tous les sentiments dominants les plus pratiques, pour vous fournir le «coup de pouce» nécessaire pour réussir, sauf un. Certains ont des lacunes, d'autres sont utiles à vingt pour cent des gens. Il existe un sentiment prédominant sans risque, qui peut être utilisé par toutes les personnes intéressées par la religion. Il s'agit d'affection pour Dieu. Dans l'hypothèse où vous n'avez aucune religion, votre meilleure carte est "l'affection pour les autres", bien que si vous êtes lié à une religion, votre "affection pour Dieu" peut être très efficace, si vous comprenez rejoindre la "dévotion spirituelle" avec le rendu de ses services quotidiens.

Nous comprenons qu'une loyauté distribuée, peut déchirer l'être humain, il est possible qu'elle provoque une lutte mentale, qui détruit tout

Efficacité. Tout comme une allégeance distribuée peut fragmenter une personne, une allégeance exclusive peut offrir, sans aucun doute, une vigueur et une puissance célestes. C'est arrivé à Nelson Mandela. Nous devons nous consacrer entièrement à la loyauté, pour trouver le chemin qui nous mène à une vie formée de pleine motivation et de véritable triomphe.

Cette conviction vous donnera un grand pouvoir. La paresse, les problèmes mentaux, qui nuisent à son efficacité, seront éradiqués. En ce moment, vous êtes une PERSONNE AVEC UN BUT. Tous les sentiments sont pliés, pour assister au grand sentiment. Un équilibre est né, ce qui facilite la puissance d'une attitude bien équilibrée. Le transit de son ascension devient si majestueux, comme celui d'un océan.

Être motivé par l'affection envers Dieu, est l'un des chemins les plus directs vers le succès, motive à exécuter les plus grands sacrifices, est le promoteur des plus belles réalisations et offre le

Le bonheur le plus agréable.

NEUVIÈME ÉPISODE.

LE PROJET POUR ATTEINDRE VOTRE OBJECTIF.

La recette spirituelle du système d'amélioration économique est devant vous. Pour réussir, soyez heureux d'avoir l'opportunité d'appliquer les épisodes décrits ici, de planifier une feuille de route, basée sur les informations détaillées ici, et quoi qu'il arrive, passez à autre chose.

Lisez ce système autant de fois que vous le souhaitez, et utilisez-le à nouveau lorsque vous avez besoin de vous en souvenir, et incidemment, il vous donnera un regain de motivation. Suivre c'est le plus compliqué, comme c'est le cas avec la plupart des systèmes, mais j'ai conçu quelques add-ons, qui pourraient faciliter votre dévouement, en premier lieu, ce sera de pouvoir maintenir une motivation permanente.

La plupart des personnes qui liront ce livre sauront comment créer une feuille de route. Autres

Ils peuvent à ce stade avoir certaines divergences avec ce qui est exposé ici, avec lequel, ils ne seront pas beaucoup pour le travail, pour faire leur propre plan, à moins que les choses ne leur soient facilitées à cet égard. Il est également possible qu'il y ait un autre groupe de lecteurs, qui choisissent de n'appliquer qu'une partie des informations trouvées dans ce livre, cependant, agissant de cette manière, ils commencent déjà à développer un système d'action, ce que je veux, adapté à vos besoins particuliers, ou, aussi si possible, au cas de l'adapter à votre propre caractère et à la psychologie individuelle, et donc, plus spécifique lorsqu'il s'agit de répondre à vos besoins individuels.

La voie à suivre que j'indique maintenant est à titre de recommandation. Prenez quelque chose avec lequel écrire et, à mesure que vous comprenez ce que je vous transmets, adaptez chaque section afin de l'adapter à vos propres besoins et capacités individuelles. Dès qu'il sera terminé, vous pourrez vérifier le résultat de votre propre

Feuille de route, à partir de laquelle vous aurez le soutien nécessaire, pour obtenir le succès que vous souhaitez tant.

SECTION UN.

Si vous ne prêtez pas encore votre travail à un utilisateur, c'est le moment de commencer.

La plupart des personnes qui obtiennent une compensation financière, soit parce qu'elles fournissent leurs services dans un poste temporaire, permanent, libéral, dans le monde des affaires ou, de toute autre nature, offrent déjà un avantage au public, avec lequel, il est justifié d'étudier cette première section. Désormais, nous nous concentrons surtout sur les chômeurs, les personnes à la recherche d'un emploi ou encore celles qui sont encore en formation académique. Dans ce cas, est-il possible de fournir un service? bien sûr oui, et de différentes manières.

1º.- Choisir le type de prestation, où une meilleure activité peut être proposée. (Il se peut

Consultez les pages Internet, pour trouver une multitude de services, dans une grande capitale, que peut-être, vous n'avez jamais entendu, mais en même temps, vous êtes capable de mener à bien ce type de tâche).

2º.- Formation, pour mener à bien ce type d'activités.

3º.- S'instruire à rencontrer des gens, grâce à l'habitude acquise d'une nature servile, pour apprendre à rendre heureux nos clients.

4ème.- Exercice dans la pratique de la conversation, avec le don des personnes, dans n'importe quel domaine de notre vie, soit, en interagissant avec un voisin, un camarade de classe, avec un collègue, un utilisateur, un client, un fournisseur, etc., puisque l'objectif principal est que tous nos utilisateurs restent entièrement satisfaits du service que nous proposons, et que la transaction commence toujours par une communication fluide, et Harmonieux.

5º.- Réaliser notre travail de manière constante, par exemple: en tant que porte-parole d'un forum, délégué d'une assemblée, représentant d'un groupe, coordinateur d'un groupe, membre d'un syndicat, membre d'une organisation. L'idée est de prendre l'habitude, de commencer à faire partie de cette société dans laquelle nous avons dû vivre, et une fois cette base renforcée, commencer par une prestation de nos services, en échange d'une compensation financière.

6º.- Expansion vers de nouveaux horizons, c'est-à-dire à partir de la base de la section numéro 5, ne lésinez pas sur la possibilité de vous joindre à d'autres groupes, qui sont en dehors desquels vous appartenez déjà, car en agissant de cette manière, cela fournira un coup de pouce supplémentaire, afin de trouver plus d'opportunités d'échanges commerciaux, ce que vous voulez finalement.

7º.- Habituez-vous à traiter avec des personnes qui

L'avenir deviendra vos utilisateurs, interagira avec eux, car en agissant de cette manière, vous apprendrez à mieux les connaître, et ainsi vous saurez comment les servir de la meilleure façon possible.

8º.- Coopérez avec votre prochain, car en agissant ainsi, vous amenez votre prochain à vous considérer comme l'un des siens, et c'est un pilier fondamental, pour gagner la confiance des autres, car sans confiance, votre futur client, ou l'utilisateur, n'aura pas assez confiance, pour faire des échanges commerciaux, à l'avenir avec vous.

DEUXIÈME SECTION.

1º.- Dans le cas où vous avez déjà un travail, une entreprise, un magasin, un bar, un restaurant, un hôtel, une entreprise, une industrie, etc., essayez d'améliorer vos services, en analysant ce que vos clients demandent, et une fois ces informations obtenues , essayez d'adapter vos services aux besoins de vos clients, et ne lésinez pas sur leur satisfaction, car celui qui s'occupe de leur

Clients, c'est comme prendre soin de soi.

2º.- Adaptez les informations détaillées dans ce livre, à toutes vos singularités par rapport à votre situation actuelle, pour tirer le meilleur parti de ce système.

SECTION TROIS.

Développez un sentiment prédominant, vigoureux, constant, plausible qui vous dirige en permanence vers votre objectif, en acceptant les efforts que cela implique, sans vous arrêter sur votre chemin jusqu'à ce que vous atteigniez l'objectif.

Si cette motivation de pulsion fait défaut, la première section, et la seconde, comme toutes les autres, seront à l'image des demandes qui se font en début d'année: la première est confrontée à un grand enthousiasme, mais comme l'année, elles disparaissent comme un simple souvenir.

Gardant à l'esprit l'envie, la vengeance et d'autres sentiments qui, s'ils sont utilisés, peuvent

Atteindre un certain type de résultat, bien que personnellement, je ne les recommande pas, mais les quelques préceptes qui favorisent le succès qui ont une certaine considération sont ceux que je cite ci-dessous:

PREMIER.- Désir de puissance.

DEUXIÈME.- Peur de la défaite.

TROISIEME.- Fierté.

QUATRIÈME.- Affection pour la tâche.

CINQUIEME.- Affection pour les autres.

SIXIÈME.- Affection pour Dieu.

N'en choisissez pas avant d'avoir évalué au préalable tous les risques qui ont été expliqués dans les leçons précédentes. Je conseille le précepte numéro 4, mais il a ses dangers. Je conseille de tout cœur les préceptes 5 et 6, car ils sont sans aucun risque. Je vous recommande de vous concentrer sur les trois derniers préceptes, ce qui en fait votre principal atout,

Pour obtenir le triomphe.

Beaucoup de personnes qui liront ce livre, se sentant identifiées au réalisme des choses, choisiront le quatrième précepte. Lorsqu'ils subissent diverses pénalités qui surviennent, lorsqu'ils maintiennent ce précepte, ils choisiront le cinquième précepte. Puisqu'il est plus facile de ressentir de l'affection pour la tâche, si vous ressentez également de l'affection pour votre voisin, à qui vous rendez service. Le sixième précepte est le choix le plus sage, sachant que les gens ne sont pas des êtres parfaits, il est difficile de continuer à ressentir de l'affection pour les autres, sans l'enthousiasme que Dieu nous transmet.

QUATRIÈME SECTION.

"Trouvez un moyen d'améliorer votre endurance chaque fois que vous refusez."

Essayez de trouver ce support, à travers des livres d'auto-assistance, des magazines, des pages Internet spécialisées, des séminaires, etc., jusqu'à ce que vous trouviez

Cette méthodologie, qui est adaptée à vos besoins spécifiques, en tirant le meilleur parti de vous, pour que vous soyez ainsi préparé, lorsqu'il s'agit de prévenir le moment où les premiers symptômes de découragement apparaissent, et qui ne peut en aucun cas vous décourager dans votre carrière pour réussir.

CINQUIÈME SECTION.

Si votre motivation continue de s'estomper, voyez si vous êtes sur la bonne voie, selon vos affirmations, pour réaliser ce que vous voulez vraiment. Sinon, trouvez un autre objectif qui vous donne la motivation supplémentaire dont vous avez besoin pour atteindre vos objectifs.

SECTION SIX.

Lorsque vous avez obtenu un poste de haut niveau, en raison de votre entreprise, commerce, entreprise, etc., choisissez les personnes qui peuvent leur transmettre vos connaissances, et en même temps, vous n'abandonnez jamais pour continuer à en

Acquérir davantage. La connaissance, d'où qu'elle vienne, même l'employé le plus humble de votre entreprise, à tout moment, vous pouvez donner une leçon entière, rappelez-vous: "l'information c'est le pouvoir", incidemment, rendez justice aux employés qui travaillent pour vous, en remontant ceux qui ont montré des signes d'amélioration personnelle, et qui ont manifesté un souci sincère de faire tout le nécessaire pour élever votre entreprise, rappelez-vous que l'employeur qui s'occupe de ses employés est celui qui s'occupe également de son entreprise, position que les employés sont maillon de la chaîne, chargé de mener une entreprise vers le succès.

Consacrez du temps et de l'énergie au marketing publicitaire, car ce domaine est chargé de faire connaître vos produits à un plus grand nombre de personnes, et donc, aux nouveaux consommateurs potentiels de vos services. Souvenez-vous que celui qui réussit est celui qui se concentre sur un groupe

Des clients, dont le nombre ne cesse de croître, au lieu de se concentrer sur une audience réduite de consommateurs, avec lesquels, disposer d'un support publicitaire est indispensable.

SEPTIÈME SECTION.

Este es un consejo enfocado al ahorro doméstico, teniendo en cuenta que un bien activo, es todo aquel que genera dinero, como por ejemplo: el que alquila una vivienda, monta un negocio, una fábrica, etc., y un bien pasivo, es aquel que aparte de no producir ningún beneficio económico, después de su adquisición con el tiempo sufre una devaluación, como por ejemplo, la compra de una moto, coche, bisutería, etc., mi consejo es, que procure adquirir más bienes activos , que no pasivos, puesto que actuando de ésta forma, Usted se asegura siempre de tener un superávit económico en su vida, con esto no quiero decir, que Usted tenga que tener una vida austera, ya que si uno se sacrifica en ésta vida, es lógico Quoi

J'aimerais avoir en retour, une compensation qui justifie tant d'efforts, mais je tiens à dire que vous pouvez vous faire plaisir de temps en temps, pour que votre santé mentale obtienne une récompense après l'effort, sans que tout soit ruiné Vos bénéfices.

Et maintenant, je peux seulement dire que je vous souhaite de tout mon cœur que vous accomplissiez tout ce que vous vous êtes fixé de faire, que vous réussissiez, triomphiez et que vous obteniez beaucoup de bonheur dans votre vie. Le fait de ressentir de l'amour pour votre travail, pour votre prochain et pour Dieu, c'est une qualité qui vous honore, mais dans votre quête d'acquisition de la sagesse, vous devez avant tout apprendre «à nager et à ranger vos vêtements», car jamais tu ne dois baisser la garde, car il y a dehors est plein de loups. JESUS-CHRIST A DIT: Le travail que je vous envoie faire est dangereux. C'est comme envoyer des moutons dans un endroit rempli de loups. Soyez donc intelligent et attentif comme les serpents, mais soyez aussi humble, comme les colombes. (Matthieu 10:16)

INDICE:

www.ingramcontent.com/pod-product-compliance
Lightning Source LLC
LaVergne TN
LVHW012113160826
845678LV00014B/3068

* 9 7 9 8 7 0 1 7 0 6 4 0 6 *